तेंदुआ छिपकली गाइड

A COMPREHENSIVE GUIDE TO LEARN ALL IT TAKES TO FEED, TRAIN, GROOM, HABITAT, HEALTH AND CARE FOR LEOPARD GECKOS AND HELPFUL TIPS ON HOW TO RAISE THEM AS PETS

पीटर ग्रेग

Copyright © Peter Greg
All Rights Reserved.

This book has been self-published with all reasonable efforts taken to make the material error-free by the author. No part of this book shall be used, reproduced in any manner whatsoever without written permission from the author, except in the case of brief quotations embodied in critical articles and reviews.

The Author of this book is solely responsible and liable for its content including but not limited to the views, representations, descriptions, statements, information, opinions and references ["Content"]. The Content of this book shall not constitute or be construed or deemed to reflect the opinion or expression of the Publisher or Editor. Neither the Publisher nor Editor endorse or approve the Content of this book or guarantee the reliability, accuracy or completeness of the Content published herein and do not make any representations or warranties of any kind, express or implied, including but not limited to the implied warranties of merchantability, fitness for a particular purpose. The Publisher and Editor shall not be liable whatsoever for any errors, omissions, whether such errors or omissions result from negligence, accident, or any other cause or claims for loss or damages of any kind, including without limitation, indirect or consequential loss or damage arising out of use, inability to use, or about the reliability, accuracy or sufficiency of the information contained in this book.

Made with ♥ on the Notion Press Platform
www.notionpress.com

क्रम-सूची

शीर्षक पेज   v

1. तेंदुआ गेको केयर का परिचय   1
2. तेंदुआ छिपकली आवास   5
3. आपके तेंदुए छिपकली के लिए भोजन और आहार संबंधी मार्गदर्शिका   8
4. तेंदुए जेकॉस को संभालने पर मार्गदर्शन   14
5. तेंदुए छिपकली के बारे में अक्सर पूछे जाने वाले प्रश्न और उत्तर   17

समाप्त   23

शीर्षक पेज

तेंदुआ छिपकली गाइड

तेंदुए के जेकॉस को खिलाने, ट्रेन करने, दूल्हे, आवास, स्वास्थ्य और देखभाल के लिए आवश्यक सभी चीजों को सीखने के लिए एक व्यापक गाइड और उन्हें पालतू जानवर के रूप में पालने के लिए उपयोगी सुझाव

पीटर ग्रेग

1
तेंदुआ गेको केयर का परिचय

तेंदुआ गेको उन लोगों में एक लोकप्रिय पालतू जानवर है जो सरीसृपों में रुचि रखते हैं। वे कम रखरखाव, मजबूत और उठाने में आसान हैं। इस गाइड को पढ़कर अपने तेंदुए छिपकली की देखभाल करें।

आप पहले से ही जानते होंगे कि:

- सिंह राशि वालों को विशिष्ट देखभाल और भोजन की आवश्यकता होती है
- तेंदुआ जेकॉस को अक्सर पालतू जानवर के रूप में रखा जाता है
- जानवरों को उनका नाम उनकी त्वचा पर पैटर्न से मिलता है

हालाँकि, क्या आप इसके बारे में जानते थे:

तेंदुआ जेकॉस (लियोस) पालतू जानवरों के रूप में रखे जाने वाले सबसे लोकप्रिय सरीसृपों में से हैं, और अच्छे कारण के लिए: वे देखभाल करने में आसान होते हैं, छिपकली की कई अन्य प्रजातियों की तुलना में कम कमरे और उपकरणों की आवश्यकता होती है, और रंग और पैटर्न की एक आश्चर्यजनक श्रेणी में आते हैं। कैद में उत्पन्न वेरिएंट।

तेंदुआ जेकॉस पिछले 14 वर्षों से मेरा साथी रहा है, और वे मेरे पास अब तक के सबसे अच्छे पालतू जानवर हैं। तेंदुआ जेकॉस अद्भुत पालतू जानवर हैं और किसी भी सरीसृप प्रशंसक के लिए एक खुशी

है क्योंकि उनके सुंदर रंगों, शांत व्यक्तित्व, विशिष्ट व्यक्तित्व और मैत्रीपूर्ण भावों की विस्तृत विविधता है।

इस वजह से, लियो कई अनुभवी तेंदुआ गेको प्रजनकों के बीच सिर्फ एक पसंदीदा नहीं है, जिनमें से कुछ ने अपना पूरा जीवन इन प्यारे, कम रखरखाव वाले और कभी-कभी शोर करने वाले मिनी-डायनासोर के लिए समर्पित कर दिया है।

तेंदुआ गेको तथ्य जो आपको जानना चाहिए

1. तेंदुए के छिपकली के मूल निवास स्थान में एशिया के मध्य और दक्षिणी क्षेत्रों के साथ-साथ पूर्वी भूमध्यसागरीय क्षेत्र भी शामिल हैं।

2. सिंह शुष्क वातावरण के मूल निवासी नहीं हैं, इस प्रकार रेत उनके टेरारियम के लिए उपयुक्त सब्सट्रेट नहीं है।

3. तेंदुआ जेकॉस, या यूबलफेरिस मैकुलरियस , गुप्त वैज्ञानिक नाम वाली छिपकली हैं।

4. आम धारणा के बावजूद, सिंह गोधूलि प्राणी हैं जो सुबह होने से ठीक पहले सबसे अधिक सक्रिय होते हैं।

5. अन्य जेकॉस के विपरीत, चिपकने वाली लैमेली (पैर पर सूक्ष्म हुक) की अनुपस्थिति के कारण तेंदुआ जेकॉस ऊर्ध्वाधर सतहों पर चढ़ने में असमर्थ हैं।

6. बिक्री के लिए सभी तेंदुआ जेकॉस संभवतः एक टेरारियम में पैदा हुए थे क्योंकि वे आसानी से वहां प्रजनन करते थे।

7. एक तेंदुआ जेको का प्राकृतिक रंग पीले और भूरे रंग के बीच की छाया है, और यह काले धब्बों से ढका होता है। बहरहाल, असाधारण रंग विविधताओं के साथ कई प्रकार के वेरिएंट विकसित किए गए थे, और उनमें से कई में कोई धब्बे नहीं थे।

जेकॉस का जीवनकाल कितना होता है

इतने छोटे जीव के लिए तेंदुआ जेको का जीवनकाल बहुत लंबा होता है। उनके पर्यावरण और उपचार के आधार पर, नर और मादाओं के प्रजनन के लिए उनकी जीवन प्रत्याशा आठ साल से लेकर बीस साल

तक होती है। सबसे पुराना रिकॉर्ड किया गया शेर 32 साल की उम्र तक पहुंच गया।

तेंदुआ गेको प्रजाति कितनी बड़ी होती है?

लंबाई 10 इंच (25 सेमी) होती है। ये छिपकली आकार में प्रबंधनीय से लेकर पर्याप्त तक होती हैं।

हालाँकि, जायंट और सुपर जाइंट लियो वैरिएंट मौजूद हैं, जो बहुत बड़े हैं और 150 ग्राम तक वजन कर सकते हैं।

तेंदुआ गेकोस का व्यवहार: वे किस तरह की चुनौती पेश करते हैं?

अधिकांश भाग के लिए, तेंदुआ जेकॉस काफी शांतचित्त सरीसृप हैं। वे बहुत तेज नहीं हैं, और वे किसी के साथ संघर्ष की शुरुआत नहीं करेंगे। यह न केवल उनकी अच्छी उपस्थिति है जो उन्हें उनके मालिकों के लिए प्रिय बनाती है; यह उनका सुखद व्यक्तित्व भी है।

सच्चे सामाजिक शेर मौजूद नहीं होते हैं, हालांकि सिंह संचार के माध्यम से अपने पर्यावरण और अपनी प्रजातियों के अन्य लोगों के साथ बातचीत करते हैं। वे संवाद करने के लिए अपनी पूँछ और विशेष हाव-भाव का उपयोग करते हैं, और वे शब्दों का उपयोग भी कर सकते हैं। आप इन संकेतों पर ध्यान देकर अपनी सिंह राशि की मानसिक और शारीरिक स्थिति के बारे में बहुत कुछ जान सकते हैं । कई दृष्टांत इस प्रकार हैं:

• छिपकली की पूँछ हिलाने का प्राथमिक कार्य संचार है; नर मादाओं को आकर्षित करने के लिए अपनी पूंछ हिलाते हैं और अधिक बलपूर्वक हिलाना एक रक्षा तंत्र के रूप में कार्य करता है।

• आपका छिपकली टैंक (कांच) पर बिना किसी स्पष्ट कारण के, या कुछ गलत होने के कारण चढ़ सकता है।

• चीख़ने या चहकने का अर्थ अक्सर "दूर रहो" या "मुझे जाने दो;" कुछ जेकॉस असुविधा में मुखर हो सकते हैं , इसलिए उनका निरीक्षण करें कि क्या वे बिना छुए शोर कर रहे हैं।

जैसा कि मैंने पहले संकेत दिया था, सिंह के आचरण का उपयोग उसके स्वास्थ्य का अनुमान लगाने के लिए किया जा सकता है। अगर ठीक से देखभाल की जाए, तो तेंदुआ जेकॉस किसी भी अन्य पालतू जानवर की तरह ही होता है और अधिकांश बीमारियों और चोटों से प्रतिरक्षित होता है।

तेंदुआ गेको स्वास्थ्य समस्याओं में शामिल हैं, लेकिन इन तक सीमित नहीं हैं: आंतों का प्रभाव, अधूरा बहना, और विटामिन और खनिज की अपर्याप्तता।

मेटाबोलिक हड्डी रोग, परजीवी संक्रमण, अंडा प्रतिधारण (डिस्टोसिया), और घाव (जलन और फोड़े सहित) जैसी स्थितियों का इलाज चिकित्सा प्रणाली द्वारा किया जाता है।

लियो की विशिष्ट स्वास्थ्य समस्याओं की संपूर्ण जांच सूची और स्पष्टीकरण के लिए कृपया स्वास्थ्य और बीमारियों पर हमारा मुख्य पृष्ठ देखें।

2
तेंदुआ छिपकली आवास

जबकि तेंदुआ गेको का प्राकृतिक आवास एशिया के शुष्क घास के मैदान हैं, अधिकांश बंदी नमूने अपना समय रेगिस्तान-थीम वाले टेरारियम में बिताते हैं। आपको कभी भी रेत के बिस्तर पर खाना नहीं रखना चाहिए क्योंकि अगर आप इसे गलती से खा लेते हैं तो इससे आंतों पर असर पड़ सकता है। टैंक के तल के पास चट्टानों और चिकने कंकड़, या किसी अन्य प्रकार के उपयुक्त सब्सट्रेट के साथ ज्यादातर शुष्क वातावरण प्रदान करके लियो की प्राकृतिक आवश्यकताओं को सराहनीय रूप से पूरा किया जा सकता है।

पीट मॉस, कोकोनट कॉयर, या किसी अन्य प्रकार की "इको अर्थ" जैसे शोषक सब्सट्रेट के साथ एक आर्द्र छिपने का स्थान (कम से कम एक गेको, लेकिन अधिक पसंद किया जाता है) आपके शेर के सिर वाले पालतू जानवर के लिए भी आवश्यक है। कृपया ध्यान रखें कि उनका उपयोग केवल नम छिपने के स्थानों में किया जाना चाहिए न कि सामान्य सब्सट्रेट के रूप में।

10 गैलन (40 लीटर) एक शेरनी के लिए न्यूनतम है, एक जोड़े के लिए 15 गैलन (60 लीटर) और प्रत्येक अतिरिक्त गेको के लिए 5 गैलन (20 लीटर)।

टैंक में तापमान दिन भर में 75 से 85 डिग्री फ़ारेनहाइट (24 से 29 डिग्री सेल्सियस) के बीच होना चाहिए, जिसमें एक बेसिंग स्पॉट 90 डिग्री फ़ारेनहाइट (32 डिग्री सेल्सियस) तक गर्म हो। टैंक को इस तरह स्थापित किया जाना चाहिए कि तापमान धीरे-धीरे ऊपर से नीचे की ओर गिर सके। आप टैंक के तापमान को बढ़ाने के लिए हीटिंग पैड, सिरेमिक हीटर या चमकदार रोशनी का उपयोग कर सकते हैं।

गोधूलि आकृति विज्ञान तेंदुए जेकोस को कम रोशनी की स्थिति में पनपने की अनुमति देता है। इसका तात्पर्य है कि आपका लियो एक विशिष्ट यूवीए/यूवीबी सरीसृप प्रकाश के बिना ठीक से प्राप्त कर सकता है। वास्तव में, प्राकृतिक प्रकाश लियो के लिए ठीक है यदि अंतरिक्ष पर्याप्त उज्ज्वल है। दिन-रात का चक्र ही एकमात्र ऐसी चीज है जो वास्तव में उनके लिए मायने रखती है।

अपने तेंदुए छिपकली के लिए एक मछली पालने का बाड़ा बनाना

आपका तेंदुआ जेको तेजी से एक सरीसृप शुरू करने वाली किट की सीमा को पार कर जाएगा, इसलिए तुरंत एक बड़े पिंजरे में निवेश करना सबसे अच्छा है।

आपके तेंदुए छिपकली मछली पालने का बाड़ा निम्नलिखित आपूर्ति की आवश्यकता होगी:

• एक वयस्क छिपकली के लिए टैंक की लंबाई कम से कम 60 सेमी, ऊंचाई 40 सेमी और गहराई 30 सेमी होनी चाहिए; • कीटाणुओं के विकास को रोकने के लिए इसे साफ करना आसान और पर्याप्त हवादार होना चाहिए।

आर्द्रता, यूवी-प्रकाश जोखिम, गर्मी लैंप और तापमान

तेंदुए की छिपकली का तापमान उसके परिवेश से नियंत्रित होता है। यही कारण है कि एक " थर्मोग्रेडिएंट " प्रदान किया जाना चाहिए जिसमें एक छोर पर एक गर्म बल्ब और दूसरे पर एक ठंडा क्षेत्र शामिल हो। थर्मोस्टैट्स के माध्यम से तापमान को नियंत्रित किया जा सकता है।

आपको यह भी ध्यान रखना चाहिए:

बेसकिंग क्षेत्र के लिए आदर्श दिन का तापमान 30 डिग्री फ़ारेनहाइट है, जबकि आदर्श रात का तापमान 24 से 26 डिग्री है।

रात के दौरान, हीट लैंप को बंद कर दें लेकिन हीट मैट या सिरेमिक हीट लैंप का उपयोग करके तापमान को 18 डिग्री सेल्सियस से ऊपर रखें।

तेंदुआ जेकॉस केवल शुष्क परिस्थितियों में ही जीवित रह सकता है। हाइग्रोमीटर का उपयोग करके, सुनिश्चित करें कि आर्द्रता 30 से 40% के बीच है, इसे टैंक के कूलर सिरे पर माप कर।

आपके गेको को यूवी प्रकाश के लिए थोड़ा जोखिम की आवश्यकता होगी। आपके गेको को विटामिन डी का उत्पादन करने के लिए 2% से 5% की यूवीबी सामग्री के साथ पराबैंगनी विकिरण के संपर्क में आने की जरूरत है , शरीर को कैल्शियम बनाए रखने और उपयोग करने के लिए आवश्यक पोषक तत्व।

छिपने के स्थान और फर्श

आपका तेंदुआ जेको एक ऐसी सेटिंग में पनपेगा जो उसके मूल निवास स्थान के जितना करीब हो सके, इसलिए उसे छिपने के स्थानों और कम, ठोस शाखाओं या चट्टानों के साथ आपूर्ति करना सुनिश्चित करें।

प्रभाव एक संभावित घातक समस्या है जिसमें कण आपके गेको के पेट के भीतर फंस जाते हैं और रुकावट पैदा करते हैं, इस प्रकार यह महत्वपूर्ण है कि फर्श को ढंकना, जिसे सब्सट्रेट के रूप में भी जाना जाता है, प्राकृतिक हो। आपको अपना तेंदुआ गेको " कैसी -सैंड" या बीच लकड़ी के चिप्स कभी नहीं देना चाहिए क्योंकि वे सरीसृप के लिए जहरीले होते हैं।

3
आपके तेंदुए छिपकली के लिए भोजन और आहार संबंधी मार्गदर्शिका

सिंह राशि वालों के लिए रसीले कीड़े और झींगुर पसंदीदा इलाज हैं। इस बात की गारंटी दें कि आप अपने सिंह को जो भी कीड़े देते हैं, वे इष्टतम पोषण के साथ "आंतों से भरे हुए" होते हैं, जिन्हें उन्हें पनपने की आवश्यकता होती है। पेशेवरों से कुछ उपयोगी सलाह के लिए आगे पढ़ें, जिसमें यह जानकारी भी शामिल है कि अपने बच्चे को ठीक से कैसे खिलाएं।

तेंदुए जेकॉस जैसे कीटभक्षी को जीवित रहने के लिए झींगुरों, मोम के कीड़ों, खाने के कीड़ों और सुपरवर्मों के आहार की आवश्यकता होती है।

चूंकि वे वसा में भारी होते हैं, वैक्सवर्म को आहार का एक महत्वपूर्ण हिस्सा नहीं बनाना चाहिए। इसके बजाय, पेट से भरा हुआ और धूल से भरा हुआ क्रिकेट प्रमुख स्टेपल होना चाहिए (जल्द ही इस पर अधिक)।

अतिरिक्त कैलोरी और वसा के लिए प्रजनन करने वाली मादा जेको को छोटे पिंकी चूहे दिए जा सकते हैं, लेकिन उन्हें पालतू जेकॉस से बचना चाहिए क्योंकि अगर अधिक मात्रा में खाया जाए तो वे तेजी से वजन बढ़ा सकते हैं।

अपने तेंदुआ जेको को खिलाने के बाद एक नए, खाली एक्वेरियम में रखें। जब उनके प्राकृतिक वातावरण में खिलाया जाता है, तो ये छिपकलियां अक्सर अपने सब्सट्रेट, विशेष रूप से रेत उठाती हैं। टक्कर के जोखिम के कारण, रेत को आपके गेको के आवास में शामिल नहीं किया जाना चाहिए।

आप अपनी उम्र और आकार के आधार पर, अपने तेंदुए जेको के लिए झींगुरों, कृमियों और सही पोषक तत्वों पर $15 और $30 मासिक खर्च करने की उम्मीद कर सकते हैं।

तेंदुआ गेको का भोजन क्या बनाता है

आपको पता होना चाहिए कि तेंदुआ जेकॉस झींगुरों के आहार पर पनपता है, लेकिन इससे पहले कि आप अपनी छिपकली दें, सुनिश्चित करें कि कीड़े आंत से भरे हुए हैं।

आपके तेंदुए जेको को आपके द्वारा खिलाए गए झींगुर या कीड़े में पोषक तत्वों से लाभ के लिए, आपको जानवर को देने से 24 घंटे पहले उन्हें संतुलित आहार देना चाहिए।

अपने तेंदुए गेको को खिलाने से पहले, आपको कीड़ों को कैल्शियम और विटामिन डी3 सप्लीमेंट के साथ छिड़कना चाहिए। "डस्टिंग" शब्द का प्रयोग अक्सर कीड़ों को ढंकने की इस विधि का वर्णन करने के लिए किया जाता है।

जिपलॉक बैग में झींगुर या कीड़े में जोड़ा जा सकता है । जब आप अपनी छिपकली को खिलाने के लिए तैयार हों, तो लेप को वितरित करने के लिए बैग को थोड़ा हिलाएं और फिर कीड़ों को अंदर डालें।

मूल रूप से, डस्टिंग तब होती है जब आप एक फीडर कीट लेते हैं और उसके शरीर को कैल्शियम या मल्टी-विटामिन पाउडर से धूलते हैं, और फिर आप इसे अपने सरीसृप को देते हैं। गट लोडिंग तब होती है जब आप एक फीडर कीट लेते हैं और इसे उसके पेट में भर देते हैं, जो सरीसृप

के लिए खतरनाक हो सकता है। दूसरी ओर, गट-लोडिंग में कीटों को उनके पेट को अस्थायी रूप से विस्तारित करने के लिए विभिन्न प्रकार के खाद्य पदार्थ प्रदान करना शामिल है। आपका पालतू इन कीड़ों और उनमें मौजूद पौष्टिक संयोजन को खाएगा।

वयस्कों को हर दूसरे भोजन में केवल कैल्शियम और विटामिन पूरक लेने की आवश्यकता होती है, जबकि हैचलिंग और किशोरों को हर बार खाने पर इसकी आवश्यकता होती है।

छिपकली के खाने पर कैल्शियम और विटामिन डी3 सप्लीमेंट छिड़कें, और सप्लीमेंट की एक छोटी सी डिश अपने पास रखें (विटामिन डी3 सप्लीमेंट के साथ या उसके बिना)।

फिर, उनकी कैल्शियम की मांग को पूरा नहीं किया जाएगा, जिससे उन्हें कई समस्याओं से बचाया जा सकेगा जिससे उनका वजन कम हो सकता है और उनकी हड्डियां कमजोर हो सकती हैं।

तेंदुआ गेकोस के लिए आयु आधारित आहार गाइड

जैसे-जैसे यह बड़ा होता जाएगा आपका तेंदुआ जेको अधिक और बड़े भोजन का उपभोग करने में सक्षम होगा। अपने तेंदुआ जेको को स्वस्थ रखने के लिए, आपको इसकी लंबाई में प्रत्येक इंच के लिए दो उपयुक्त आकार के कीड़े प्रदान करने चाहिए।

उदाहरण के लिए, 6 इंच के गेको को खिलाने के लिए 12 कीड़ों की आवश्यकता होती है। यदि आप अपने गेको कीड़ों को खिलाना चाहते हैं, तो सुनिश्चित करें कि वे छिपकली के सिर से बड़े नहीं हैं।

शिशु तेंदुए गेकोस के लिए दूध पिलाने की आवृत्ति

तेंदुआ गेको किशोरों को कई झींगुरों के दैनिक आहार की आवश्यकता होती है। दस मिनट में आप इसे हर दिन देते हैं, आपका छोटा गेको उतना ही खाना खाने में सक्षम होना चाहिए जितना उसे बढ़ने की जरूरत है। अपने जेको को वयस्कता तक पहुंचने के बाद दिन में एक बार खिलाना ठीक है।

वयस्कों के लिए भोजन की दिनचर्या

आवश्यकता पड़ने पर वयस्क तेंदुआ जेकॉस एक सप्ताह तक भोजन के बिना रह सकता है, लेकिन अक्सर उनके मालिकों द्वारा उन्हें हर दूसरे दिन खिलाया जाता है।

10-15 मिनट के बाद, या तो अपने जेको को उसके सामान्य वातावरण में लौटा दें या पिंजरे को साफ रखने के लिए बचे हुए कीड़ों को हटा दें और अपने गेको को परेशान करने से रोकें।

तेंदुए गेको के आहार से सीखे गए सबक: सिंह कीटभक्षी होते हैं, इसलिए वे झींगुर और स्वादिष्ट कीड़े जैसी चीजें खाते हैं। अपने फीडर कीड़ों को कैल्शियम और विटामिन की खुराक के साथ छिड़कना और उन्हें भोजन से भरना महत्वपूर्ण है। छिपकली की लंबाई के प्रत्येक इंच के लिए पर्याप्त आकार के दो कीड़े प्रदान करें, और उनके बड़े होने पर उनके भोजन की आवृत्ति को समायोजित करें। अंत में, सुनिश्चित करें कि भोजन का सबसे लंबा हिस्सा आपके गेको के सिर के आकार से अधिक नहीं है।

तेंदुआ गेको की कीमत कितनी है और मैं इसे कहां से प्राप्त कर सकता हूं?

आप एक पालतू जानवर की दुकान, ब्रीडर, या सरीसृप एक्सपो में तेंदुआ जेकॉस प्राप्त कर सकते हैं।

हालांकि एक पालतू जानवर की दुकान से एक जेको प्राप्त करने में परेशानी कम लग सकती है, लेकिन एक विश्वसनीय प्रजनक से ऐसा करना हमेशा सबसे अच्छा होता है। खुदरा प्रदर्शन पर एक भूको अपने पिछले रहने की स्थिति के अनुसार अच्छे स्वास्थ्य में हो सकता है या नहीं भी हो सकता है, जो ग्राहक के लिए अज्ञात है। मैंने पालतू जानवरों की दुकान से खरीदे गए तेंदुए जेकॉस की डरावनी कहानियाँ सुनी हैं जो घर लाए जाने के बाद भूख हड़ताल पर चले जाते हैं।

एक भरोसेमंद ब्रीडर आपको अपने टेरारियम, सुविधाओं और ब्रीडिंग स्टॉक की सैर कराने में कोई आपत्ति नहीं करेगा। सबसे अच्छे प्रजनक वे हैं जो अपने ज्ञान को अनुभवहीन सरीसृप मालिकों के साथ साझा करने

के लिए उत्सुक हैं और जो यह सुनिश्चित करने के लिए अपने रास्ते से हट जाते हैं कि आप एक स्वस्थ भूको के साथ छोड़ दें।

यदि आप अवयस्क हैं और इसे पढ़ रहे हैं, तो कृपया याद रखें कि निर्णय लेने में आपकी सहायता के लिए आपके साथ हमेशा एक वयस्क होना चाहिए। आपकी उम्र का नहीं, अपने पक्ष में एक विश्वसनीय साथी के साथ एक पालतू जानवर की खरीदारी करना स्मार्ट है, क्योंकि आपकी आंखों की तुलना में अधिक आंखें लाल झंडे देख सकती हैं।

रूप का लागत पर महत्वपूर्ण प्रभाव पड़ता है। एक "नियमित," जंगली प्रकार के तेंदुआ छिपकली या एक सामान्य मोर्फ के साथ एक भूको के लिए जाने की दर लगभग $ 20 है। विदेशी मोर्फ की कीमत अक्सर लगभग $100 होती है। ब्लैक पर्ल और अन्य बहुत ही असामान्य रूप कई हजार डॉलर की कीमत कमा सकते हैं।

नियमित तेंदुआ गेको मॉर्फ

विशेषता तेंदुआ छिपकली व्यवहार

जंगली में, आपको घास या झाड़ीदार क्षेत्रों में तेंदुआ जेकॉस मिल सकता है।

गेकोस, सामान्य विचार के विपरीत, अक्सर एक पुरुष और कई महिलाओं के साथ सांप्रदायिक सेटिंग में रहते हैं। आमतौर पर, केवल एक पुरुष अपनी महिलाओं की रक्षा करेगा और जंगल में उनके सामने आने वाले किसी भी खतरे से लड़ेगा।

यदि आप एक से अधिक रखना चाहते हैं तो कृपया नर तेंदुआ जेकॉस ही रखें। नर प्रादेशिकता की भावना विकसित करते हैं और अक्सर क्षेत्र पर लड़ते हैं। यदि आप तेंदुए जेकॉस का प्रजनन करना चाहते हैं तो ही आपको एक ही बाड़े में एक से अधिक रखना चाहिए।

जंगली में उनके परिवहन के प्राथमिक साधन चढ़ना और बिल खोदना है:

ऊंची शाखाओं, पेड़ों या किनारों तक पहुंचने के लिए वे अपने पंजों को तेज करते हैं।

वे गर्म रखने और शिकारियों (बड़ी छिपकलियों, सांपों, शिकार के पक्षियों और लोमड़ियों) से छिपने के लिए भूमिगत या चट्टान की दरारों में खुदाई करते हैं।

शिकारियों के प्रसार के कारण, एक तेंदुआ गेको सुरक्षित रूप से खुले क्षेत्रों में धूप सेंक नहीं सकता (जैसा कि कई अन्य एक्टोथर्म करते हैं)। इसके बजाय, वे चट्टानों या शाखाओं वाले छायादार क्षेत्रों का पता लगाते हैं जो सूर्य से गर्मी विकीर्ण करते हैं।

वे भोजन की तलाश में रात में अपनी मांद से निकलते हैं।

अवसरवादी शिकारी के रूप में, वे गंध और सुनने की अपनी तीव्र इंद्रियों का उपयोग करके मारने के लिए झपट्टा मारने से पहले वापस बैठते हैं और अपने शिकार की सीमा के भीतर भटकने की प्रतीक्षा करते हैं।

यह छिपकली चूजी नहीं है और इसके मुंह में आने वाली हर चीज को खा जाएगी। उन्हें कई तरह के कीड़े, पक्षियों के अंडे और यहां तक कि एक-दूसरे का मांस खाते हुए भी देखा गया है।

सर्दियों के दौरान, तेंदुए जेकॉस को उन जगहों की तुलना में गर्म वातावरण की आवश्यकता होती है जहां वे पाए जाते हैं। क्योंकि वे ठंडे सर्दियों के महीनों में अपनी सामान्य चयापचय दर को बनाए रखने में असमर्थ होते हैं , वे ब्रूमेशन (यानी सरीसृप हाइबरनेशन) नामक स्थिति में प्रवेश करते हैं।

आपका पालतू जेको अगर जंगल में है तो वह ब्रूमेट हो सकता है, लेकिन अगर वह कैद में है तो ऐसा नहीं हो सकता है।

ब्रुमेशन नामक स्थिति में प्रवेश करने के लिए मजबूर कर सकते हैं ।

जैसे-जैसे कैलेंडर दिसंबर के पास आता है, भोजन की मात्रा धीरे-धीरे कम करें और टैंक के तापमान को लगभग 68 से 77 डिग्री फ़ारेनहाइट तक कम करें। उनके जागने के बाद, तापमान 85 डिग्री फ़ारेनहाइट पर सेट किया जाना चाहिए और भोजन कुछ दिनों बाद मार्च में दिया जाना चाहिए।

4
तेंदुए जेकॉस को संभालने पर मार्गदर्शन

तेंदुआ गेको एक खोजकर्ता और पर्वतारोही है।

उन्हें चढ़ाई और जांच करने के लिए शाखाओं और कंकड़ वाली जगह चाहिए। हालांकि, उन्हें अपने पिंजरे से रिहा किया जाना चाहिए।

उन्हें आम तौर पर एक शांतिपूर्ण सरीसृप माना जाता है और लोगों की बाहों पर चढ़ना पसंद करते हैं।

ध्यान रखें कि इस प्रजाति की एक पूंछ होती है जो इसे संभालने की कोशिश करने से पहले ही अलग हो सकती है। यदि आप इसे लेने की कोशिश करेंगे तो एक तेंदुआ जेको की पूंछ उतर जाएगी।

इससे निपटते समय नीचे दी गई सलाह का पालन करना याद रखें:

1. अगर आप उसे अपनी हथेली पर लाना चाहते हैं, तो पहले अपना हाथ सीधा नीचे रखें और धीरे से उसे ऊपर खींचें।

2. एक सपाट हाथ से उसकी पूंछ और पैरों को सहारा दें। कुत्ते के डरने या घबराने पर वे भौंकने की आवाज निकालते हैं और अपनी पूंछ हिलाते हैं।

3. जब आप उसके साथ हों तो तेज गति से न दौड़ें और न ही कोई अचानक हरकत करें; इसके बजाय, शांत चहलकदमी करें।

4. पहले पांच मिनट के न्यूनतम संचालन सत्र का प्रयास किया जाना चाहिए।

5 ऐसा प्रतिदिन तब तक करना जब तक वह चैन से न हो जाए।

तेंदुए गेकोस की बहुतायत

यदि आप एक छिपकली के साथ शुरू करने का निर्णय लेते हैं, तो आप हमेशा बाद में और जोड़ सकते हैं।

यदि आप एक से अधिक रखना चाहते हैं तो कृपया नर तेंदुआ जेकॉस ही रखें। नर प्रादेशिकता की भावना विकसित करते हैं और अक्सर क्षेत्र पर लड़ते हैं। यदि आप उन्हें प्रजनन करना चाहते हैं तो केवल एक ही बाड़े में बहुत सारे तेंदुए जेकॉस रखें।

कई जेकॉस को खाना खिलाना मुश्किल हो सकता है अगर उनमें से एक दूसरों की तुलना में अधिक बीनने वाला हो।

यदि खिलाते समय हावी व्यवहार दिखाया जाता है तो अलग "फीडिंग कंटेनर" प्रदान किया जाना चाहिए। ढक्कन पर एयर वेंट वाले लघु प्लास्टिक के कंटेनर इस उद्देश्य के लिए आदर्श हैं।

बेबी तेंदुआ छिपकली

अपने पूरे शरीर पर बैंड के साथ पैदा हुए और चिकनी, पारदर्शी त्वचा, तेंदुए जेकॉस देखने लायक हैं।

गेकोस की उम्र के रूप में, बैंड स्पॉटिंग के जटिल पैटर्न में बदल जाते हैं, और उनके रंग अधिक उज्ज्वल हो जाते हैं। उनके पूरे शरीर पर पपड़ीदार ऊबड़-खाबड़ रूप होगा।

तेंदुआ जेकॉस जनवरी और सितंबर के बीच कभी भी प्रजनन कर सकता है, बशर्ते तापमान सही हो।

प्रजनन करने का इरादा करने से आठ सप्ताह पहले, तापमान को 72-75 डिग्री फ़ारेनहाइट (रात में 65 डिग्री फ़ारेनहाइट) तक कम करें।

50 ग्राम में, महिलाएं यौन परिपक्वता प्राप्त करती हैं जबकि पुरुषों को 18 महीने की उम्र तक इंतजार करना पड़ता है।

लिंग स्थापित करने के लिए एक महीने की उम्र में ही एक तेंदुए की छिपकली की पूंछ के आधार की जांच की जा सकती है। पुरुषों की पहचान हेमिपेनल उभारों या धक्कों की विशिष्ट वी-आकार की पंक्ति और वेंट खोलने पर प्री-वेंट पिट्स की उपस्थिति से की जा सकती है।

एक गर्भवती महिला का दोहरा पेट होगा।

गर्भवती महिलाओं की आहार संबंधी आवश्यकताओं में वृद्धि हुई है और मॉस और वर्मीक्यूलाइट से भरे नम सूक्ष्म-आर्द्रता कक्षों को प्राथमिकता देती हैं।

एक औसत वयस्क मादा के पास हर मौसम में चार से पांच चंगुल होते हैं, प्रत्येक में दो अंडे होते हैं। एक बार अंडे जमा हो जाने के बाद, उन्हें इनक्यूबेटरों में स्थानांतरित कर दिया जाना चाहिए ताकि उनका अभिविन्यास परेशान न हो।

श्रेष्ठ गुणों के लिए प्रजनन

हैचलिंग का लिंग ऊष्मायन तापमान द्वारा निर्धारित किया जाएगा:

80 और 82 डिग्री फ़ारेनहाइट के बीच के तापमान के परिणामस्वरूप सभी महिला पीढ़ी होती हैं।

तापमान का अंतर, 85 डिग्री फ़ारेनहाइट, साझा किया जाएगा

पुरुष केवल 89-90 डिग्री फ़ारेनहाइट पर

5
तेंदुए छिपकली के बारे में अक्सर पूछे जाने वाले प्रश्न और उत्तर

तेंदुआ जेकॉस किस हद तक अच्छा पालतू जानवर बनाता है?

तेंदुआ जेकॉस महान पालतू जानवर हैं क्योंकि वे अपने स्वयं के अनूठे तरीके से लचीले, सुंदर और आकर्षक हैं। उन्हें कार्य करने के लिए बहुत सारे कमरे या फैंसी उपकरण की आवश्यकता नहीं होती है। इस तथ्य के बावजूद कि उनके भोजन में केवल जीवित कीड़े होते हैं, वे अचार खाने वाले नहीं होते हैं।

उनके विस्तारित जीवन काल (नीचे चर्चा की गई) के कारण, वे छोटे बच्चों वाले परिवारों के लिए भी उपयुक्त हैं; जब तक आपके पालतू जानवरों का समय आएगा, तब तक आपके बच्चे मौत के विचार को समझने के लिए काफी बड़े हो जाएंगे।

क्या एक तेंदुआ गेको मुझ पर हमला करेगा या मुझे काटेगा?

अधिकांश वयस्क तेंदुआ जेकॉस आक्रामक नहीं होते हैं और जब तक वे गंभीर रूप से घायल नहीं हो जाते तब तक वे काटेंगे नहीं। एक वयस्क छिपकली की तुलना में एक बच्चे के काटने की संभावना अधिक होगी क्योंकि इसे उतना नहीं संभाला गया है।

जब आप लड़ने वाली छिपकलियों को अलग करने का प्रयास करते हैं या जब आपका सिंह अपनी उंगलियों को भोजन समझने की गलती करता है (विशेष रूप से यदि आप हाथ से खिलाते हैं) तो शेरों के आकस्मिक काटने की संभावना अधिक होती है।

लियो के छोटे दांतों से केवल कीड़े ही खतरे में होंगे। उनके जबड़े उनके आकार के संबंध में शक्तिशाली होते हैं, फिर भी "बिट" होने की अनुभूति एक फर्म निचोड़ के समान होती है। यह आमतौर पर त्वचा की सतही परत को खुरच कर निकाल देगा।

"घाव" को ठीक से कीटाणुरहित करना सुनिश्चित करें यदि आपका पालतू भूको कभी भी आपको काटता है और काटने से आपकी त्वचा छिन्न-भिन्न हो जाती है। मेरे अनुभव में, आपके नाखूनों के ठीक ऊपर की पतली त्वचा ही एकमात्र ऐसी जगह है, जहां से आपकी छिपकली से खून निकलेगा, इसलिए वहां अतिरिक्त सावधानी बरतें।

तेंदुए गेको को पालतू बनाने या वश में करने के टिप्स

भले ही कैप्टिव नस्ल के तेंदुए जेकॉस अपने जंगली पकड़े गए समकक्षों की तुलना में कम उम्र के होते हैं, फिर भी वे अपने सहज रक्षात्मक तंत्र को बनाए रखते हैं। प्रत्येक छिपकली को पालतू बनने या लोगों द्वारा नियमित रूप से पकड़े जाने और नियंत्रित करने की आदत डालने में समय लगता है।

एक तेंदुआ छिपकली को महारत हासिल करने में कई चरण शामिल हैं:

सबसे पहले, आप छिपकली को छीने बिना एक्वेरियम के अंदर पहुंचेंगे।

दूसरा, एक बार जब उसे इसकी आदत हो जाती है, तो आप उसे रिहा करने से पहले थोड़े समय के लिए पकड़ना शुरू कर सकते हैं।

तीसरा, यदि आपका लियो एक विस्तारित समय के लिए सहज है, तो आप उसे अपने टेरारियम से हटाए बिना परिवहन कर सकते हैं।

चौथा और अंतिम चरण अपने भूको को उसके टेरारियम से मुक्त करना है। आपको अपनी छिपकली को बिस्तर जैसी बड़ी, मुलायम सतह पर पकड़ना चाहिए।

शेर को नुकसान से सुरक्षित रखने के लिए पालन करने वाला नंबर एक नियम यह है कि उसे कभी भी टैंक से बाहर न निकालें, जब तक कि आप यह सुनिश्चित न कर लें कि वह पूरी तरह से आराम से है। यदि आपका लियो चीख़ रहा है और सत्र से बाहर निकलने का प्रयास कर रहा है, तो उस पर आसानी से चलें।

ध्यान रखें कि युवा लोग अक्सर घबराए हुए और चिड़चिड़े स्वभाव के होते हैं। जब वे बड़े होते हैं, तो हैंडलिंग अभ्यास अधिक आत्मविश्वास के साथ किया जा सकता है।

क्या यह सच है कि तेंदुआ गेकोस जम्हाई लेता है?

तेंदुए जेकॉस के सबसे मनोरंजक व्यवहारों में से एक जम्हाई लेना है। वे आम तौर पर इसे खाने के बाद करते हैं, लेकिन मैंने देखा है कि वे इसे पूरे दिन में यादृच्छिक समय पर भी करते हैं।

क्या तेंदुए गेकोस की गंध है?

एक साफ टेरारियम में, तेंदुआ जेकॉस कोई गंध नहीं निकालता है। उनका मल दानेदार और सूखा होता है क्योंकि वे विशेष रूप से कीड़ों का सेवन करते हैं, इसलिए मोल्ड विकसित करने के लिए कोई भोजन नहीं बचा है।

केवल गेको फीडर कीट कालोनियों में दुर्गंध का उत्सर्जन करने की क्षमता होती है। तीखी गंध और परेशान करने वाले अमोनिया के धुएं से बचने के लिए उन्हें अपने सोने और रहने वाले क्षेत्रों से दूर रखें।

क्या तेंदुआ गेकोस खुदाई कर सकता है?

दो अलग-अलग प्रकार के छेद हैं जो तेंदुआ जेकॉस खोदेंगे। यदि गर्भवती महिला के पास अपने अंडे देने के लिए अच्छी जगह नहीं है, तो वह एक बनाने के प्रयास में पूरे टैंक में खुदाई कर सकती है। अन्य स्थितियों में, लियो इसे खोदने की प्राकृतिक प्रवृत्ति से बाहर निकालेंगे।

यदि उनका नम आश्रय सूख जाता है या यदि उनके पास पर्याप्त छिपने के स्थान नहीं हैं, तो वे अधिक आक्रामक तरीके से खुदाई कर सकते हैं।

क्या तेंदुआ जेकॉस शोर कर रहे हैं?

इस तरह के एक छोटे से सरीसृप के लिए, तेंदुए जेकॉस में बहुत तेज चीख़ और चिल्लाना होता है, जिसका उपयोग वे अवसर पर करते हैं।

क्या तेंदुए गेकोस का रंग बदलता है?

गिरगिट के विपरीत, तेंदुआ जेकॉस अपनी त्वचा की टोन को बदलने में असमर्थ हैं। दूसरी ओर, जब वे अपनी त्वचा खोने की तैयारी करते हैं, तो उनका रंग बदल जाएगा। आपकी गेको की त्वचा सफेद हो जाएगी क्योंकि यह छंटने के लिए तैयार हो जाती है, जिससे यह एक वर्णक्रमीय रूप देती है।

एक बार जब वे अपनी पुरानी त्वचा को हटा देते हैं, तो उनके पास ताज़ा, सामान्य रंग की त्वचा रह जाती है। दरअसल, यह पहले से ज्यादा नई और चमकदार लगेगी।

तेंदुआ छिपकली गिरोह

क्या कोई सीमा है कि कितने तेंदुआ जेकॉस सह-अस्तित्व में रह सकते हैं?

तेंदुआ जेकॉस के बीच कोई सामाजिक व्यवहार नहीं है। हालांकि यह सच है कि कुछ स्थितियों में सहवास संभव है, आप कभी नहीं जान सकते कि आपका सिंह साथी दिन-प्रतिदिन कैसा व्यवहार करेगा। इससे नुकसान या मौत भी हो सकती है। दो तेंदुआ जेकॉस को एक साथ रखना कभी भी अच्छा विचार नहीं है।

यह संभव है कि कई शेर अपने टैंकों के बाहर तटस्थ जमीन पर एक साथ मिलें। अपनी आँखें बंद मत करो और सफलता मान लो।

तेंदुए गेकोस के बीच अकेलापन के बारे में क्या?

अन्य जेकॉस के विपरीत, तेंदुआ जेकॉस अकेले रहना पसंद करते हैं। वर्तमान वैज्ञानिक ज्ञान के अनुसार, सरीसृप अकेला महसूस नहीं कर सकते क्योंकि उनमें से अधिकांश मिलनसार जीव नहीं हैं। इस बात से डरें नहीं कि यदि आप उसे नियमित रूप से साथ देने में असमर्थ हैं तो आपका अकेला सिंह अकेला पड़ जाएगा।

हालांकि, यदि उनका मालिक उनकी उपेक्षा करता है और निरंतर आधार पर उन्हें भोजन, पानी, और टैंक रखरखाव प्रदान करने में विफल रहता है, भले ही वे संकट के कोई संकेत नहीं दिखाते हैं, तो निश्चित रूप से लियो को नुकसान उठाना पड़ेगा। कम रखरखाव वाले पालतू जानवर होने के कारण उन्हें अनदेखा करना आसान है। हर दिन, आपको यह सुनिश्चित करना चाहिए कि आपका छिपकली अच्छा काम कर रहा है और यदि आवश्यक हो तो उसे प्रदान करें।

कितने रूप उपलब्ध हैं?

अविश्वसनीय रूप से, तेंदुआ जेकॉस सौ से अधिक अलग-अलग रंगों और आकारिकी में आते हैं। लगभग हर संभोग के मौसम में जनसंख्या में वृद्धि होती है। लोकप्रिय रूपों में नारंगी रंग की कीनू, पैटर्न रहित अल्बिनो बर्फ़ीला तूफ़ान, और उच्च-पीला उच्च पीला शामिल है, जिसमें अन्य रूपों की तुलना में कम धब्बे हैं।

तेंदुआ जेको किस उम्र में परिपक्वता तक पहुंचता है?

एक सरीसृप के अस्तित्व में एकमात्र स्थिर परिवर्तन है: निरंतर विकास। जेकॉस के साथ भी ऐसा ही होता है, लेकिन एक बार जब वे अपना पहला जन्मदिन मनाते हैं, तो सब कुछ बदल जाता है। वे जीवन के पहले वर्ष में तेजी से विकसित होंगे और उस समय पूर्ण विकसित माने जाएंगे। बाद में विस्तार नगण्य है।

मुझे उम्मीद है कि अब आप इन आकर्षक सरीसृपों के बारे में मूल बातें जानने के बाद एक तेंदुआ छिपकली को घर लाने या न लाने के बारे में एक सूचित निर्णय लेने में सक्षम होंगे। एक पालतू जानवर के रूप में एक खरीदने से पहले तेंदुए जेकॉस के बारे में जितना संभव हो उतना सीखना आवश्यक है।

समाप्त

www.ingramcontent.com/pod-product-compliance
Lightning Source LLC
La Vergne TN
LVHW092102060526
838201LV00047B/1538
* 9 7 9 8 8 8 9 8 6 7 2 8 9 *